MONEY BOX

돈은 어떻게 벌까요?

벤 허버드 글
베아트리스 카스트로 그림
이승숙 옮김

돈은 어떻게 벌까요?

초판 1쇄 2021년 8월 27일
글쓴이 벤 허버드
그린이 베아트리스 카스트로
옮긴이 이승숙

펴낸이 조영진
펴낸곳 고래가숨쉬는도서관
출판등록 제406-2012-000082호
주소 경기도 파주시 회동길 329(서패동) 2층
전화 031-955-9680~1
팩스 031-955-9682
홈페이지 www.goraebook.com
이메일 goraebook@naver.com

글 ⓒ 벤 허버드 2019 | 그림 ⓒ 베아트리스 카스트로 2019
* 값은 뒤표지에 적혀 있습니다.
* 잘못 만든 책은 구입하신 서점에서 바꾸어 드립니다.
* 책의 내용과 그림은 저자나 출판사의 서면 동의 없이 마음대로 쓸 수 없습니다.
ISBN 979-11-89239-55-8 74320
     979-11-87427-53-4 74320(세트)

MONEY BOX: MAKING MONEY
Text by Ben Hubbard
Illustrations by Beatriz Castro
First published in Great Britain in 2019 by The Watts Publishing Group
Copyright ⓒ The Watts Publishing Group 2019
Korean edition copyright ⓒ Goraebook Library 2021.
All rights reserved.
This Korean edition published by arrangement with The Watts Publishing Group Limited, on behalf of its publishing imprint Franklin Watts, a division of Hachette Children's Group, through Shinwon Agency Co., Seoul.

글쓴이 벤 허버드

뉴질랜드 웰링턴에서 밴드, 배우, 예술가들과 인터뷰를 하고, 신문 기사를 썼어요. 그 후 영국에서 작가가 되어 우주, 팝 뮤직, 반려동물, 토네이도와 럭비 기술에 이르기까지 다양한 주제의 글을 쓰고 있어요. 『디지털 시민 학교』 시리즈 등을 썼어요.

그린이 베아트리스 카스트로

스페인 라리오하에서 태어나 어렸을 때부터 늘 그림을 그리고 글을 써 왔어요. 예술 대학을 졸업한 후에, 전문 일러스트레이터로 일을 시작했어요. 그림을 그린 책으로는 『세계 시장, 어디까지 가 봤니?』 등이 있어요.

옮긴이 이승숙

오랫동안 외국의 좋은 어린이 책을 찾아 우리말로 옮기고 소개하는 일을 하고 있어요. 또한 어린이들이 재미있게 읽을 수 있는 책을 쓰기도 합니다. 옮긴 책으로 『어둠 속 어딘가』, 『아기가 어떻게 만들어지는지에 대한 놀랍고도 진실한 이야기』 등이 있어요.

품명: 도서	전화번호: 031-955-9680		제조년월: 2021년 8월
제조국명: 대한민국	제조자명: 고래가숨쉬는도서관		
주소: 경기도 파주시 회동길 329 2층		사용 연령: 8세 이상	
* KC마크는 이 제품이 공통안전기준에 적합하였음을 의미합니다.			

MONEY BOX

돈은 어떻게 벌까요?

이 책에서는 돈에 관한 많은 사실을 알려 주고 있어요. 돈이 왜 중요할까요? 돈은 먹을 수도 마실 수도 없는데 말이죠. 우리들 대부분은 살기 위해 돈이 필요해요. 옷, 전기, 음식과 물 같은 거의 모든 것들을 돈으로 사야 하거든요. 돈이 없는 세상은 상상할 수가 없어요.

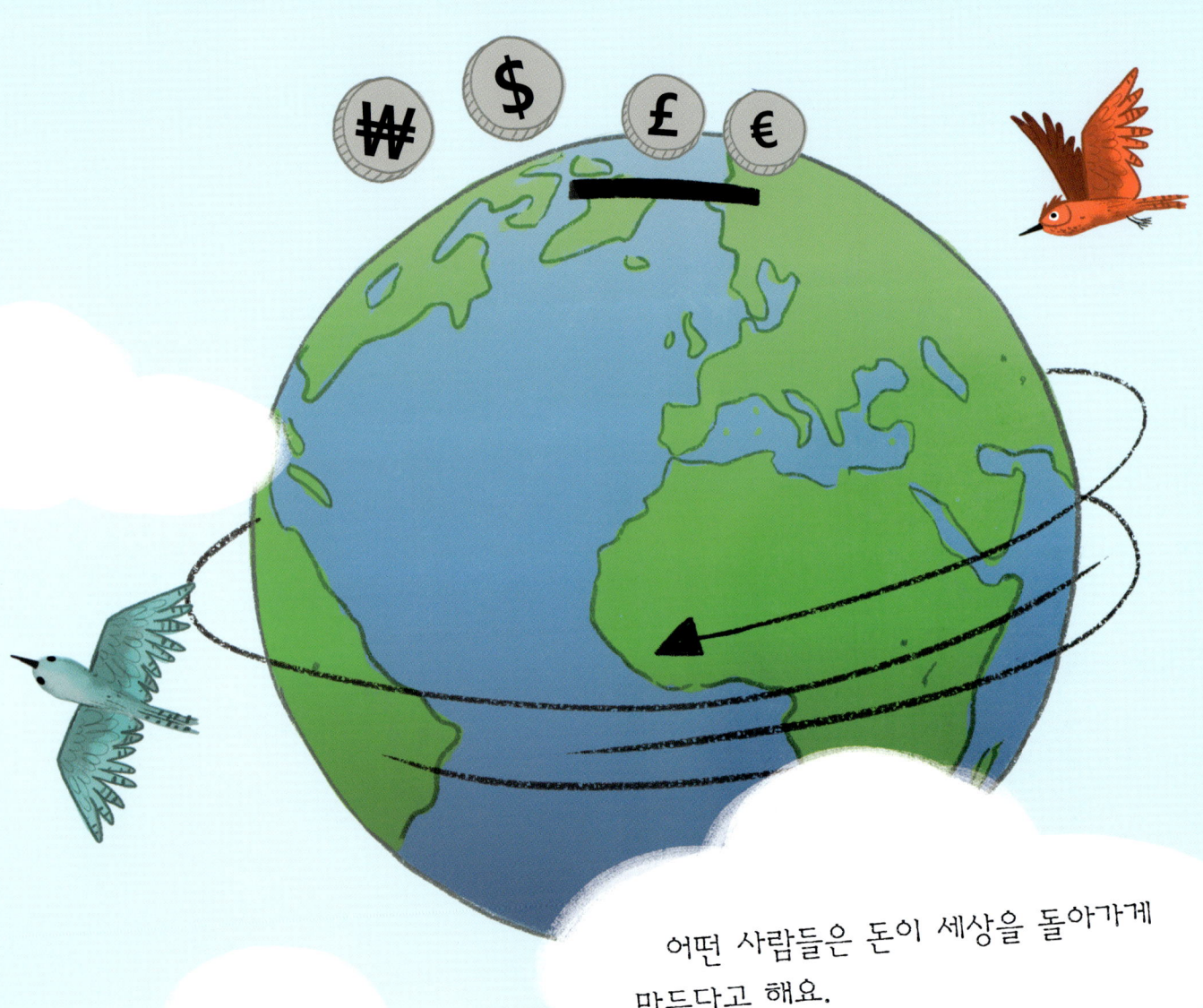

어떤 사람들은 돈이 세상을 돌아가게 만든다고 해요.

돈이 있을 때, 우리는 선택을 해야 해요.
우리는 돈으로 무엇을 할 수 있을까요? 다음과 같은 것들을 할 수 있어요.

저축을 할 수 있어요.

물건을 살 수 있어요.

기부를 할 수 있어요.

또는 더 많은 돈을 벌 수 있어요!

마야는 돈을 좀 벌려고 해요.
마야가 어떻게 돈을 버는지 이 책을 계속 읽어 보아요.

마야와 친구들이 돈이 어떻게 인쇄되는지 보여 주는 텔레비전 방송을 보고 있어요.

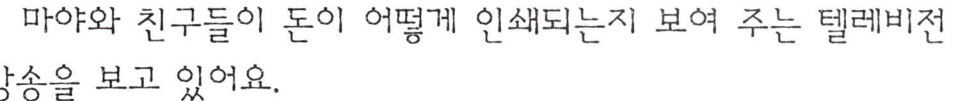

종이돈은 비밀 무늬*, 곧 투명 잉크와 종이돈 한가운데를 가로지르는 실선을 사용해 인쇄합니다. 돈을 위조하기 어렵게 하려는 것입니다.

동전을 만드는 일은 '화폐 주조'라고 합니다. 그 말은 동전에 도안을 찍어 만든다는 말입니다.

* 비밀 무늬-워터마크라고 해요. 돈을 위조하는 것을 어렵게 하려고 눈으로는 볼 수 없는 무늬를 넣는 거예요.

매주 마야와 친구들은 부모님께 용돈을 받아요. 하지만 용돈에는 몇 가지 규칙이 있어요.

용돈을 벌기 위해 집안일을 해야 하는 어린이들이 있어요.

어떤 어린이는 필요한 것을 사기 위해 허락을 받아야 해요.

용돈을 과자와 사탕 같은 군것질거리를 사는 데 쓰면 안 되는 어린이도 있고요.

그런데 용돈 말고 돈이 더 필요하면 어떻게 하지?

마야 엄마가 돈을 벌기 위해 대부분의 사람들은 일해야 한다고 설명해 주어요. 사람들은 주로 다른 사람들을 위해 일하거나, 서비스를 제공하거나 무언가를 팔아요. 그렇게 해서 돈을 벌어요.

마야는 무언가를 팔아서 돈을 번다는 생각이 마음에 들어요. 마야 할머니가 마야에게 말해요. 할머니는 어렸을 때, 가판대에서 레모네이드를 팔았대요. 할머니와 친구들은 지나가는 사람들에게 레모네이드를 팔곤 했어요.

레모네이드가 참 맛있구나. 어떻게 만들었기에 레모네이드에 쏴 하고 거품이 생겼니?

너희들은 진짜 사업가구나. 사업가는 사업을 계획하고 경영하는 사람을 말해.

마야의 오빠는 사람들에게 서비스를 제공해서 필요한 돈을 벌어요. 이웃들이 일하는 동안에 오빠는 그들의 개를 산책시켜요.

주인이 외출한 동안에, 개들은 이렇게 운동도 하고 친구도 만나.

마야의 사촌 언니는 다른 사람을 위해 일을 해서 돈을 벌어요. 방과 후에 길모퉁이 작은 가게에서 아르바이트하고 있어요.

마야는 각각 다른 여러 종류의 일에 대해 듣는 게 재미있었어요. 이제 마야도 일이 필요해요! 그러던 어느 날 아침에 마야는 좋은 소식을 들어요.

우리 이웃인 마거릿 아주머니께서 창고 청소를 해야 한대. 네가 그곳을 깨끗이 청소해 주면 돈을 주겠다고 하더구나. 그런데 주말 내내 먼지를 뒤집어쓰며 일을 해야 할 거야.

다음 날 공원에서, 친구들이 마야에게 아르바이트로 번 돈에 관해서 물어보아요. 마야가 대답하자, 친구들도 주말에 아르바이트하고 싶다고 해요.

와, 마야, 너 부자구나!

마거릿 아주머니네 집에 청소할 창고가 더 있을까?

돈은 좋아. 하지만 재미있거나 흥미진진한 일을 하면서 돈을 벌면 더 좋을 거야. 가령 이런 것들 말이야.

우주를 날기

발명하기

자동차 레이싱 트랙을 달리기

밴드에서 노래 부르기

하지만 지금 마야는 어린이여서 기뻐요!

퀴즈

마지막으로 책에서 배운 내용을 정리해 보아요. 돈을 버는 것에 대해 얼마나 많이 배웠는지 생각해 볼까요? 다음 문제를 풀면서 알아보아요.

1 동전을 만드는 일을 무엇이라고 할까요?
- a. 주조
- b. 장소
- c. 주소

2 위조하는 걸 막기 위해 종이돈에 무엇을 넣을까요?
- a. 비단 무늬
- b. 태극 무늬
- c. 비밀 무늬

3 자신의 사업체를 경영하는 사람을 뭐라고 하나요?
- a. 탐험가
- b. 발명가
- c. 사업가

4 돈을 번 사람들은 무엇을 내야 할까요?
- a. 현금
- b. 세금
- c. 수금

5 일을 시킨 사람(고용주)이 일한 사람(근로자)에게 줘야 할 법적 금액은 무엇일까요?
- a. 최저 임금
- b. 최고 임금
- c. 비밀 임금

정답
a, c, c, b, a

용어 설명

비밀 무늬(워터마크)
돈을 위조하기 어렵게 만들기 위해 은행권 같은 종이에 찍는 아주 밝은 디자인이나 그림.

세금
사람들이 교육이나 의료 보험 같은 서비스에 대한 비용으로 정부에 내는 돈.

용돈
개인이 자유롭게 쓸 수 있는 돈. 집안일을 돕는 대가로 부모님이 아이들에게 주기도 해요.

재활용
유리병이나 종이 같은 폐품 따위를 쓰임새를 바꾸거나 다른 물건을 만들기 위해 다시 사용하는 일.

유산
죽은 사람이 남겨 놓은 재산.

최저 임금
고용인이 근로자에게 법적으로 주도록 정해진 가장 낮은 임금.

투명 잉크
빛 아래서나 열을 가할 때처럼, 특수 상황에서만 눈에 보이는 글씨에 사용되는 잉크.

돈에 대한 사실들

돈에 대해서는 알아야 할 것들이 많아요.
아래 사실들을 살펴보아요!

- 1400년 전에는 돈 같은 물건이 없었어요. 대신에 중국과 아프리카에서는 물건을 살 때 조개껍데기를 돈으로 이용했어요.

- 9세기에 중국에서 종이돈을 가장 먼저 사용했어요.

- 1988년에, 오스트레일리아는 세계 최초로 플라스틱으로 돈을 만들었어요. 오스트레일리아 사람들은 돈을 갖고 수영할 수 있어요!

- 많은 사람이 종이돈과 동전 대신에 신용 카드로 물건값을 내요. 이 카드는 1920년대에 미국에서 발명되었어요.

- 나라마다 돈을 칭하는 이름이 있어요. 대한민국은 원, 멕시코는 페소, 태국은 바트, 그리고 에티오피아에서는 비르라고 해요.